MARIPOSAS
NEGRAS

Mariposas Negras
© Melanie Márquez Adams, 2017
© Eskeletra Editorial, Quito, 2017
Dirección Editorial: Ramiro Arias
Edición y corrección: Eskeletra Editorial y Roberto Almendariz

Eskeletra Editorial 12 de Octubre y Roca (esq.)1 piso Ofic. 102
Telefax: 2556691 / Casilla postal 164-B Quito E-mail:
eskeletra@hotmail.com eskeletra.com
melaniemarquezadams.com

ISBN: 978-9978-16-275-0
Derechos de autor: 008326

Imagen de la portada: *Butterfly Hunter*, Daria Petrilli.

Melanie Márquez Adams

MARIPOSAS NEGRAS

Cuentos

Eskeletra Editorial

A Wes, siempre a mi lado

Lo desconocido es una abstracción; lo conocido, un desierto;
pero lo conocido a medias, lo vislumbrado,
es el lugar perfecto para hacer ondular deseo y alucinación.

Juan José Saer
"El entenado"

PASEO INVERNAL

Como novia insolente, la nieve me tuvo en ascuas, tardándose y haciéndome pensar que no llegaba. Cuando por fin lo hizo, arribó altiva, escandalosa, cubriendo todos los espacios con su tul vaporoso. Después de ser condenada a un encierro de dos días, la mañana del tercero desenterré mi automóvil y me arriesgué a pasear por el pueblo y admirar así su atrasado disfraz navideño. Una brillante capa de glaseado bañaba los techos, las torres de las iglesias y los árboles. Para completar la villa invernal solo faltaban más habitantes; apenas se veía uno que otro con su forro sofocante, luchando pala en mano contra la alfombra invasora.

Antojada de una caminata, no me extrañó la ausencia de otros vehículos en el estacionamiento del parque y, cual niña golosa, decidí guardarme aquel momento de postal para mí sola. El crujido de la nieve bajo mis botas me resultaba peligrosamente placentero. Era como caminar sobre un malvavisco cristalizado que amenazaba tragarse mis piernas en cualquier momento. Luego de unos minutos, mientras todavía experimentaba con el ritmo ideal con mis zancadas, me encontré con una aparición que amenazaba con destruir la magia del bosque glaciar.

Asemejando un bote volcado en un mar de espuma blanca, un auto yacía reclinado en una zanja. A un costado y con una actitud escandalosamente tranquila, igual que si se hubiera estacionado a un lado del camino para tomar una foto o estirarse, una mujer en short y camiseta se erguía tiesa, desafiando los elementos. Como si lo que alcanzaba a distinguir no dibujara de por sí una escena perturbadora; fue aquello que no encontré, eso que hacía falta a gritos lo que acabó de proporcionar las pinceladas magistrales a aquel óleo absurdo. Contemplando la posibilidad de que la bruma estuviera jugando con mis sentidos, forcé la mirada. Mi cerebro, aunque sorprendido, confirmó que mis ojos no me engañaban. El espacio que correspondía a los brazos, era ocupado por el aire y el paisaje. Mientras tanto, de los shorts ajustados, sobresalían unos aparatos que pertenecían más bien a un ser futurista, a una caricatura de ciencia ficción; de ninguna manera a un personaje de mi villa navideña.

Todavía intentaba aferrarme a un mundo lógico cuando llegó la camioneta. Con un par de jalones de cadenas liberó al coche de las fauces blancas y continuó arrastrándolo a lo largo del parque con su ocupante biónica dentro, impávida, tal cual si estuviera de paseo dominical.

Acunada en la soledad de aquel universo de escarcha, seguí a los vehículos con la mirada hasta que desaparecieron detrás de la colina. El frío me rodeó celoso, hincándome a través de la bufanda. Empujándome con un susurro de vuelta a mi caminata.

ROMANCE ART DÉCO

—¿Podemos ver algo menos lúgubre en la tele? —pregunta Cristina mientras acomoda un mechón dorado entre las fauces ardientes de las tenazas— ¿Qué les parece algo que inspire baile y romance en lugar de sangre y muerte?

Las tres amigas se dan los retoques finales en el cuarto de Mariana. Un espejo nítido muestra rostros frescos y risueños, repletos de expectativas de las que esperan sea una de sus memorables noches de fiesta en South Beach.

La misión de Laura y Cristina es la de anestesiar las usuales penas de amor. Para Mariana, aquella salida representa un descanso de la relación asfixiante que mantiene desde hace un par de años. Gracias a un viaje de trabajo de su novio, el deseo de retornar a su vida de veinteañera se materializa. Al menos por una noche.

—En serio Mari, ¿no tienes pesadillas luego de ver esos programas? —pregunta Cristina con una mueca exagerada de asco. Aunque silenciadas, las crudas imágenes arrojadas por el televisor no le hacen buena compañía a la música que se filtra por los parlantes de la computadora.

Mariana es adicta a un canal que dedica las veinticuatro horas del día a recrear crímenes violentos. Le parecen fascinantes esas series con formato de documental, en los que se relata la vida e historial asesino de los psicópatas más crueles y siniestros. La única explicación que encuentra a su morbo excesivo hacia los asesinos seriales, es que muchas de aquellas mentes perturbadas escogieron como víctimas a mujeres de su edad.

Mujeres que podrían haber sido sus amigas.

Que Laura y Cristina hayan cuestionado en varias ocasiones los peculiares gustos televisivos de Mariana, no la ha desanimado a seguir semana a semana aquellos cuentos macabros. No revela a sus amigas que esas historias la relajan, la arrullan. Claro que esto sucede únicamente mientras está frente a la pantalla porque luego… Un atracón de esas series puede terminar en una paranoia intensa. Tanto así, que acaba mirando con sospecha a sus vecinos, a cualquier extraño en el estacionamiento e incluso a algunos de los compañeros de la universidad. Se mantiene alerta, presa de la sensación de que cualquier hombre, en el momento menos previsto, puede llegar a convertirse en el más siniestro de los predadores.

La primera parada de la noche impregna de un tono cereza las mejillas de las tres amigas. El espectáculo - exclusivo para mujeres - suelta una serie de reflectores rojos que giran y giran, iluminando los cuerpos bañados en aceite de actores y modelos de segunda. Al ritmo de chirriantes alaridos femeninos los hombres se contonean en el suelo como gimnastas decrépitos.

Las amigas se dejan arrastrar por la emoción de la audiencia; el acalorado espectáculo que acontece alrededor de ellas, supera con creces el del escenario. Se ahogan de la risa al ver a cientos de mujeres perder el control y disparar un sinfín de piropos colorados a los improvisados bailarines.

Provistas de aquella buena dosis de adrenalina, salen del alborotado evento directo hacia el Señor Frog's de la Collins, su lugar de fiesta favorito. Aquellas paredes y barras guardan recuerdos de interminables noches, algunas menos memorables que otras; todas rebosantes de baile, flirteos y más de una borrachera. Cócteles en mano, recorren el lugar en búsqueda de la zona más estratégica. El calor y la multitud las empujan hacia el patio. Laura no cree que haya diferencia alguna; Mariana y Cristina perciben un ligero soplo de brisa marina. Se acomodan en una esquina y disfrutan del lugar, refrescándose con la música, el barullo y el ánimo de la gente.

Mariana mira hacia arriba; nota un desconcertante número de estrellas. Parpadean un resplandor psicodélico que cae veloz sobre ellas y aviva la ebullición de los jóvenes cuerpos. Armadas de coquetería, echan ojitos a varios de los muchachos quienes altivos y esquivos como las olas, se pasean por el bar. La caza no resulta nada fácil. El objetivo es encontrar, en alguna de las manadas, especímenes que se ajusten a los gustos de las tres.

Cuando comienzan a evaluar a los candidatos entre cuchicheos y risitas, el azar se les adelanta y elige la terna sin consultas ni miramientos. Sin más, las puertas batientes arrojan al patio a tres muchachos con bebidas incluidas. Se acercan a las chicas con la seguridad de viejos conocidos y no les dan oportunidad para deliberar. Las amigas intercambian miradas rápidas; ninguna protesta. Los recién llegados son lo suficientemente atractivos, lo suficientemente sonrientes y - al menos por esa noche - lo suficientemente disponibles.

De paso por la ciudad, en un entrenamiento de la empresa auditora para la que trabajan, la selección es variada e incluye a representantes de México, España y Argentina. No hace falta ahondar en detalles para que el grupo se reorganice en parejas. Cristina inicia enseguida una conversación con el mexicano. Con sus ojos gatunos y melena dorada, es el tipo de chico que le encanta. Por su parte, asidua a todo lo mediterráneo, Mariana deja a un lado el vaso plástico que acaba de vaciar a manera de shot y saca a bailar al español.

El último par en conformarse es el de Laura y el argentino. Gotitas infladas de culpabilidad salpican a Mariana cuando recuerda la queja de su amiga, que nunca le dan tiempo a elegir, que le toca quedarse con el que nadie más quiere… Pobre. Aprovechando una vuelta en ocho que le da el español en la apretujada pista de baile, Mariana repasa la situación de Laura. Al parecer, el argentino domina la conversación y su amiga lo mira cautivada. Destellos de picardía bordean las pupilas de Laura: sus ojos dos perfectos eclipses solares. "Inusual para el carácter tímido de Lauri", piensa Mariana. Pero espanta aquella idea como a un bicho asqueroso. Se convence de que el encantamiento de su amiga es una buena señal, que están sumergidas en una noche mágica. Se emociona por Laura, por Cristina. Por ella misma.

Mientras baila despreocupada al calor de las estrellas, casi puede asegurar que sus nuevas amigas le dedican un guiño desde su manto negro, satisfechas en su rol de celestinas.

Entre licor barato, risas y baile, el tiempo arrasa con la noche en un oleaje feroz. Sin previo aviso y cuando Mariana siente que lo mejor apenas comienza, la magia se esfuma junto a la música. No sabe qué le resulta más irritante; las luces recién encendidas que hincan sus ojos o los ladridos que pegan los porteros expulsando a todos del lugar.

Una vez fuera del antro moribundo, el silencio los engulle y por unos minutos se quedan ahí, sin saber qué decir ni qué hacer. Mariana mira a un lado y al otro y se da cuenta de que ninguno de los dos bandos está listo para despedirse. Decide tomar la iniciativa y empieza a caminar; los demás la siguen sin cuestionar. Dispuestos en una escuadra de tres filas, cruzan las calles, todavía llenas de vida, en dirección a Ocean Drive. Recorren la vereda que bordea la playa sin prisas, ignorando la cuenta regresiva marcada por el cielo tornasolado.

Mariana disfruta de la tibieza y la calma de la mano sobre la suya. Fija su atención en el mar y pretende no percatarse de la mirada inquisitiva del español sobre su rostro. Se imagina a su novio, trabajando a esa hora todavía, absorto en números y cuentas, con una taza de café enfriándose desde hace rato a un lado de la computadora. Piensa entonces en la última conversación; la confesión de un beso insípido a una compañera de trabajo. No hubo admisión de error, disculpas o muestras de arrepentimiento. Tan solo la necesidad de limpiar la conciencia y así vanagloriarse de su honestidad. Él siempre tan perfecto. Tan correcto.

Las palabras recitadas aquel día resuenan en los oídos de Mariana junto con el golpear de las olas: "tenía mis dudas, pero ahora estoy seguro de que te quiero y de que eres la mujer de mi vida". Dos años. Dos largos y lánguidos años esperando por esas palabras. Si las hubiese escuchado un mes antes, lo más probable es que no estuviese allí, sintiendo mariposas negras bailotearle en el estómago por un chico al que acaba de conocer. Ahora ya no tiene caso. Con cada segundo que pasa, su relación se desmorona: los pedazos cayendo y perdiéndose en la arena. Se concentra en el ronroneo del mar, refugiándose en la melodía que producen las olas al acariciar la orilla. Sumerge sus pensamientos en los golpes, en la explosión constante de espuma blanca: agua que destruye, que arrastra, que limpia.

El ruido de la calle, de la gente, del mundo, se interpone y el canto se reduce a un eco inmóvil y seco. Intentando atrapar el consuelo del mar a través de sus ojos, todo lo que el reflejo le ofrece es oscuro, lodoso; como si el beso ingrato de la madrugada lo hubiese convertido en pantano. Las luces del otro lado de la calle bailotean sobre aquel espejo turbio, contorneándose en formas distorsionadas y repulsivas.

—Hemos llegado. Aquel es nuestro hotel —. El volumen exagerado al igual que la fuerza con la que el español aprieta su mano, traen a Mariana de regreso al momento. Mira hacia donde su acompañante señala. Se trata de un conocido edificio; antiguo, imponente, con una escandalosa vestimenta de neón. Le recuerda a una de tantas ancianas patéticas que abundan en Miami, esas que se niegan a aceptar su edad.

Cristina propone al grupo bajar un rato a la playa. Mariana confiesa que el frío de la madrugada ha comenzado a incomodarla. Laura también se queja. Los vestidos ligeros que llevan, aunque perfectos para una noche de baile, no han sido pensados para la brisa escalofriante de aquellas horas moribundas.

—Pueden usar nuestros abrigos. Entremos al hotel por ellos —sugiere el argentino.

Mariana mira a sus amigas en búsqueda de señales de aprobación, aunque sabe que la decisión está en sus manos. Su trayectoria como *groupie* compulsiva de asesinos seriales, le ha otorgado autoridad en cualquier asunto que tenga que ver con la perversión masculina.

Reflexiona por unos segundos. Hasta el momento los chicos se han portado tranquilos. A pesar de su usual desconfianza, no intuye ningún peligro en la situación. "Además", se dice a sí misma para reconfortarse, "las chicas y yo estamos siguiendo la regla número uno de las salidas: permanecer juntas. Siempre juntas".

Suben hasta el último piso del antiguo hotel. Desde la habitación que comparten los chicos se puede contemplar la playa, apagada y solitaria. Aunque los suéteres prestados - cortesía de la consultora - les quedan enormes, Mariana se siente a gusto, protegida. Salen todos al balcón para contemplar como dioses curiosos el mundo que han dejado allá abajo.

Ocean Drive continúa latiendo en una mezcla de salsa y *hip-hop* mientras todo tipo de personas, desde la más colorida hasta la más insípida, se fusionan en una corriente verdusca. De vez en cuando se ve a uno que otro mortal hacer un alto para la foto del recuerdo, para la pantomima de un paso de baile latino. Apretujados en un par de sillones de mimbre, charlan un rato, recontando entre risas los momentos más memorables de la noche. Poco a poco la marea de gente va bajando, las risas se van apagando y el sueño va alargando los silencios.

Laura es la primera en claudicar. Abandona el balcón y se extiende como puede en el estrecho sofá. Cristina y Mariana, motivadas por sus ganas de bajar a la playa, luchan contra los bostezos. Convencen a los chicos con el argumento de que no podrán decir que vivieron una auténtica noche de South Beach, si no la despiden recostados sobre la arena. Mientras arreglan los detalles de la última parada de la noche, Laura se les duerme.

Mariana y Cristina no saben si despertar a su amiga o dejarla sola en la habitación. El argentino se ofrece a quedarse con ella. El cansancio también lo ha vencido y prefiere recostarse con el arrullo de la tele.

Una alarma se enciende en el estómago de Mariana. Después de todos los horrores aprendidos en sus queridas series sobre psicópatas, imágenes sombrías comienzan a asaltarla como agua mala. Sin embargo, la expectativa de un romance de playa es más fuerte que la señal de amenaza. Entonces, para esparcir las nubes negras que se van formando en su cabeza, argumenta con ella misma diciéndose que el argentino es inofensivo, que estarán a tan solo unos pasos del hotel. "No seas paranoica, no va a pasar nada".

Cuando abandona el cuarto, puede escuchar la respiración inocente de Laura por encima del noticiero. Se siente reconfortada. Una vez más, la noche está de su lado.

La arena no es amigable ni cosquillosa en la madrugada; todo lo que les ofrece es un pantano tieso y helado. El mexicano y el español las siguen mientras ellas intercambian cuchicheos y risitas que se confunden en el arrullo violento de las olas. Eligen un recoveco oscuro y se acuestan sobre las toallas ásperas del hotel.

Entre arrumacos contemplan las manchas naranjas y púrpuras que se extienden lentamente por encima de ellos, desparramándose y ensuciando el mar. Todo va adquiriendo un tono rojizo. La música ha muerto y ahora solo pueden escuchar el gemido seco del agua seduciendo y destruyendo las rocas.

Con besos de lija ardiéndole en el rostro, Mariana despega los párpados, percatándose poco a poco del alarido de sirenas que invade su espacio. Fastidiada por la resaca y el brazo que la tiene atrapada, tarda unos segundos en descifrar que el chillido persistente se origina justo detrás de ella. La sorpresa inicial da paso a la curiosidad para convertirse rápidamente en una voz de alarma, al no encontrar a Laura en la playa y recordar el momento en que vio a su amiga por última vez.

Abandonando los zapatos de tacón, embarrados de la arena y de la noche, Mariana corre junto a Cristina hasta llegar al pie del hotel. Las luces estridentes no provienen ya del edificio, que vulnerable bajo la luz tenue de la casi-mañana, muestra sus grietas como heridas en carne viva, sino que surgen de una turba de patrullas y un par de ambulancias. Los policías rodean el lugar y controlan al gentío de curiosos que se multiplican a borbotones.

Con la respiración entrecortada, Mariana pregunta a gritos, a nadie en particular y a todos a la vez, "¿Qué pasó?".

"¡Un asesinato!", parece contestar el mundo al unísono.

Un dolor como cuchillos ardientes se posesiona de su cabeza: destrozándola, vaciándola. Cristina le hala el brazo que cae desinflado, como muerto. Sigue con la mirada el dedo tembloroso que apunta hacia el edificio.

Siente que algo la arrastra y presiona su cabeza bajo las aguas turbias del amanecer cuando descubre a varios policías asomados en el balcón del último piso.

Enseguida las puertas de la entrada ceden ante el paso de agentes cubiertos de blanco. Con su marcha agresiva y bolsas negras en sus manos, parecen una legión de vikingos camino a llevar sus ofrendas a un dios perverso. A Mariana le provoca vomitar la noche cuando se imagina los trozos sangrientos de Laura en los fríos vientres de plástico. No es capaz ya de llorar ni gritar. Deja de escuchar lo que pasa a su alrededor. Apenas tiene fuerzas para mirar hacia arriba. Las estrellas la han abandonado.

Ocupada con su propia muerte, la luna que cuelga traslúcida la ignora por completo.

El noticiero de la tarde interrumpe el sopor dominical para reportar el siniestro hallazgo: "Durante las primeras horas del día, en pleno corazón de la movida zona de fiesta de South Beach, una joven asesina y descuartiza a un turista argentino. Sus motivos aún se desconocen."

RÍO ADENTRO

El Río burbujeante inicia su recorrido cotidiano. Se estira, se contornea, se cuela a través de la puerta de la cocina. Crece. Ocupa la sala y lame las migajas de la pizza devorada la noche anterior frente al televisor. Serpenteando sigiloso por el pasillo, arrasa con los juguetes olvidados de Miguelito. Se escurre en la habitación principal, despertando a los padres con su ebullición escandalosa y escucha impávido las protestas e insultos de siempre mientras se aleja en un cascabeleo desafiante. El paseo ondulante acaba en el cuarto de Antonio, quien festeja su llegada con caricias y frases cariñosas. El Río le devuelve melosos ronroneos y relinchos de cascadas. El niño brinca a la balsa que lo espera anclada a un lado de su cama y el Río lo arrastra con su canto efusivo hasta la bañera, llenándola de agua cristalina para que Antonio se refresque antes de ir a la escuela.

La Madre ya tiene lista una legión de trapos y espera a que Antonio y el Río abandonen la casa para secar, exprimir y limpiar. Otra vez, una y otra vez, y así olvidar que por allí pasó aquella bestia detestable. Miguelito llora por los juguetes arruinados y el padre protesta por el periódico que se deshace en la entrada. La misma escena se repite cada día, todos los días, desde hace siete años, cuando Antonio cumplió los cinco y dio sus primeros chapuzones, aquel día caluroso que la Madre quisiera borrar del tiempo. Desde entonces, el Río ha sido un tormento en sus vidas y todos los esfuerzos para deshacerse de aquel intruso han sido inútiles.

Al menos con el tiempo - y cántaros de lágrimas también - ha logrado que se acorten las visitas y que solo transcurran por las mañanas. Antes de eso, el Río solía acecharlos durante todo el día, saltando del rincón en el que estaba agazapado en los momentos más inoportunos, invadiéndolo todo con sus aguas turbias y apestosas. Porque el agua cristalina, es un detalle que la criatura ofrece únicamente a su Antonio.

El niño supo desde edad temprana que su familia no compartía su cariño por el Río. Él en cambio amó al ser cosquilloso desde el instante mismo en que su pie diminuto entró en contacto con la espuma efervescente, esa que hace brincar de felicidad su corazón. Fue Antonio quien convenció al Río, luego de tener que soportar los lamentos y el llanto de su Madre cada noche, que únicamente entrase a la casa por las mañanas. Llegaron a un acuerdo y esa es la razón por la que, luego de la escuela, el niño pasa el resto del día junto al Río. Hace la tarea rápidamente con ayuda de su amigo, quien le susurra las respuestas, y, luego, montado en la estrecha balsa, se inventa juegos de piratas y tesoros, escapando a otros mundos inundados de colores imposibles, monstruos con tentáculos y héroes inmortales.

Por la noche Antonio acaricia las ondas de su compinche, haciéndole prometer que no se escabullirá por las rendijas de las puertas y que esperará paciente al nuevo día para continuar las aventuras. El Río protesta un poco, sus maullidos húmedos salpican el rostro del niño. Pero acaba accediendo, borbotando de complicidad y expectativas de ratos felices. Llega un día, sin embargo, en que la Madre no puede más. Está cansada de tener que privarse de objetos hermosos (porque el Río corroe y acaba con todo), de la eterna exprimidera de agua y, sobre todo, del dolor que todavía la carcome por lo que pasó con su Fufi adorada, su preciosa terrier que desapareció una mañana sin dejar rastros. A pesar de las promesas de Antonio, ella sabe de sobra lo que ocurrió con su perrita y desde hace tiempo ha esperado el momento de vengarse de aquel monstruo sin forma.

Esa misma noche, luego de que Antonio regresa a la casa le comunica que los juegos tontos de niño se han acabado, que ya está por cumplir los trece años, y que no puede pasar el resto de la vida fantaseando junto a un río de pueblo. Se mudarán a la ciudad y vivirán en lo alto de un edificio donde estarán resguardados por murallas impenetrables. Secos.

Antonio ruega a la Madre, le explica como el Río ha estado siempre a su lado; es su mejor amigo, su maestro. Pero de nada le valen al niño los reclamos y las súplicas. Ni su llanto incontenible ni el lamento del Río - golpeando cientos de piedritas contra las ventanas - conmueven el corazón de la Madre. No hay vuelta atrás. Al día siguiente de que se acabe el año escolar, la familia empacará las pocas pertenencias que no han sido arruinadas por el moho y se irán de allí para siempre.

El último día de clases Antonio no regresa hasta muy tarde y se retira a su cuarto en absoluto silencio. La Madre no dice nada. Ya no hay razón para enojarse. Pronto estarán libres de aquella criatura insoportable.

A la mañana siguiente, los vecinos contemplan atónitos los despojos de la casa. Apenas quedan unas tablas podridas, un par de juguetes rotos y unos trocitos de bañera. Alguien jura por todos los santos haber escuchado en la madrugada un rugido espectacular seguido por unos gritos de espanto. El miedo le había impedido asomarse y al despuntar el amanecer, cuando por fin se había atrevido, fue tarde. Otro, asegura haber visto la silueta del niño mayor montado en la balsa navegando río adentro, jugando con un palo como si fuese una espada, peleando furioso contra el viento. Pero como es el loco del pueblo, nadie le hace caso.

Recogen los restos míseros de la casa y sus habitantes sepultándolos en la profundidad lúgubre de la tierra seca. Enseguida se sumergen en el Río, ofreciéndole cánticos de alabanza y veneración, prometiéndole que nunca le contarán a nadie lo que allí sucedió. Él a cambio les regala chorros de agua dulce y brillante. Un eco tintineante de cascabeles se escucha durante el resto del día.

BOSQUE NUBLADO

Son las cuatro de la mañana y el pitido punzante de la alarma, la arranca de un fallido descanso. Los sueños le han llegado cargados de olvidos, retrasos y una sensación terrible de caer al vacío. Le toma unos minutos salir de aquel trance, escucha una queja que sale desde lo más hondo de su garganta reseca. Debe sacudir aquella niebla que la atrapa; tiene que levantarse. Con dificultad, por fin encuentra el camino fuera de un frío nido de mantas enredadas.

Dagas heladas atraviesan su piel mientras revisa por última vez la atiborrada mochila. Eso era todo lo que podía llevar, una mochila. Ella, que hasta para pasar una noche fuera de casa necesitaba su equipaje rodante además de un arsenal completo de cremas y maquillaje. Ella, "la princesa", como la llamaba su familia, al borde de lanzarse a un viaje extremo cual *gringa* mochilera.

Luchando por mantener los ojos abiertos, marca a tientas el número de la compañía de taxis. Se sorprende de la lucidez de la mujer al otro lado de la línea. Le parece amabilidad fingida, "no es normal que a esta hora de la madrugada alguien pueda estar así de animado," la operadora le informa que un auto pasará a recogerla en quince minutos. Tomándose su tiempo, se enfunda con tres camisetas, dos suéteres y una pesada chaqueta para enseguida dejar que la mochila le apachurre la espalda. Y lo único que le queda es salir. Se detiene en el marco de la puerta. Duda un instante, antes de seguir adelante y enfrentar la cruel madrugada quiteña. Logra ubicar su cuerpo entumecido en el taxi y le pide al chofer que la lleve a la estación de autobuses.

Mientras el hombre con gafas, "¿quién usa gafas a esta hora?" pretende que hay una Fórmula 1 camino al sur de la ciudad, Ella frota con furia sus manos y sus piernas intentando apaciguar, no solamente el frío, sino también el miedo que la acecha en cada semáforo. "Todavía estoy a tiempo de arrepentirme". Solo hacían falta unas cuantas palabras para que el taxista diera la media vuelta y la llevara de regreso a la comodidad segura de su mundo.

Sacude aquel pensamiento intentando sumergirse en el resplandor de la luna; en el beso tierno con el que bendice las calles solitarias de la ciudad.

Una vez en la estación, pregunta varias veces cuál es el bus que va al pueblo de Chontal. "Cuidado, voy a parar a un hueco perdido en el medio del páramo". Mientras se sube y camina con torpeza por los pasillos del bus, siente las miradas que se clavan en su rostro. Hace de como que no es con ella y sigue avanzando hasta el fondo, hasta hundirse en un asiento pegajoso.

A pesar de que hubiera sido un estorbo, añora la manta de alpaca que quedó abandonada en su cama. Lo único que se le ocurre es hundir la cabeza dentro de la chaqueta y soplar, para que el aire caliente de su cuerpo combata el viento helado que se cuela por las ventanas.

El viaje es de cuatro horas brumosas entre montañas, laderas empinadas, lodo abundante, un camino demasiado angosto, y vueltas y más vueltas. Le parece que, en cierto punto, el bus se queda atorado; el mastodonte de metal cruje y pega alaridos en su lucha por salir del barro oscuro. Algunos de los pasajeros tienen que bajarse para ayudar a que el aparato no se termine de hundir en el fango. No está segura si aquello en realidad sucede o si todo es un mal sueño ocasionado por el frío que la consume por dentro.

Va con los ojos cerrados; fastidiada de todo y de todos. Cuando siente que la frenada del vehículo es permanente, se atreve a mirar su alrededor y se encuentra con un puñado de casuchas en el medio de la tierra. "Así es que esto es un pueblo" piensa. El dolor agudo que palpita en su cabeza le impide entretenerse demasiado en su comentario. Dándose un masaje en la frente, hace un esfuerzo por no olvidar que únicamente está allí de paso.

Sigue las instrucciones recibidas por correo electrónico. En el supuesto hotel, pregunta por Pedro, el guía que debe llevarla hasta la Reserva. Le dicen que está comprando provisiones y mientras espera la invitan a servirse el desayuno. Torciéndose, pregunta si puede usar el baño. Entre el frío y las dos botellas de agua consumidas durante el viaje, no puede más. Le señalan una puerta roída y mal puesta. Se imagina lo peor y respira hondo antes de entrar. En efecto, no hay agua. A pesar de que contiene la respiración, sabe que no es Ella la primera cliente en usar el baño aquella mañana.

Hace todo lo posible para no tocar nada y al salir, trata de disfrazar con una sonrisa la mueca de asco. Se sienta a la mesa que le ofrecen, acepta un refresco y bebe directamente de la botella. Se da permiso para descansar y voltear sus pensamientos a trazos más alegres del desafortunado viaje. Poco a poco, se va desprendiendo del frío al recordar la razón que la ha llevado hasta aquel momento.

La imagen del rostro atractivo de un biólogo extranjero, le saca a flote una sonrisa auténtica. Ese muchacho, quien seguramente en ese mismo instante se deleita con las novecientos noventa y tres especies de polillas y escarabajos que habitan el páramo andino, es el culpable de aquel arrebato.

Pedro, un hombre pequeño y de piel curtida, se acerca a la mesa para presentarse y avisarle que es hora de partir. Ha llegado el momento cero, pronto ya no habrá marcha atrás. "Puedo tomar el bus que sale hacia Quito por la tarde y acabar de una vez con esta necedad". Entonces, piensa en aquella última conversación, en la que su biólogo vaticinó que no iba a poder, que ella era demasiado delicada para esta clase de aventura. Aquel recuerdo es lo que necesitaba para el impulso final. "No le puedo dar la razón. Tengo que llegar hasta las últimas consecuencias de mi disparate".

Cambia sus zapatos de tenis, acolchados y a la moda, por unas botas de caucho. Desde ya las detesta. No entiende por qué tienen que ser tan pesadas y, sobre todo, por qué tienen que ser tan feas. Para agravar el asunto, la mochila se siente como una roca con puntas sobre su espalda, torturándola a cada paso. Voltea su rostro hacia Pedro, con la esperanza de que se ofrezca a ayudarla; apenas puede ver al muchacho debajo de aquel saco gigantesco cuyas costuras amenazan con reventar en cualquier momento.

Afortunadamente, los dos se ven alivianados del peso una vez que se encuentran con la taciturna criatura atada a orillas del arroyo: una mula con cara de pocos amigos. Con algo de fascinación, Ella sigue los movimientos de Pedro quien acaricia y agasaja al orejudo ser con una mazorca de maíz, intentando quizás disculparse por tener que colocar sobre su lomo una montaña de provisiones al igual que la impertinente mochila.

Libre de la incomodidad en su espalda, Ella hace unos ejercicios de yoga a la vez que contempla, entre horrorizada y divertida, el masticar lento del animal. Nota una sombra de resentimiento en los ojos de aquella bestia escuálida, como si supiera que va a tener que cargar también con el peso insufrible de la recién llegada.

Ella es la última en la desentonada comitiva, siguiendo varios pasos por detrás a Pedro y a la mula. Sus pies van protestando sin tregua el calzado incómodo y barato que se les ha impuesto en el recorrido por aquel camino pedregoso.

Dos kilómetros después, el sendero de tierra se convierte en un lodazal cuyas burbujas negras amenazan con engullir sus piernas. Ha llegado el momento de montar a aquel ser peludo que la mira impávida. Pedro entrelaza sus manos a manera de escalón para ayudarla a sentarse en el lomo del animal.

Seguramente percibe el terror en sus ojos porque enseguida le dice que no se preocupe, que su compañera de labores es fuerte pero mansa. Comenta también que la mula posee una vasta experiencia en transportar visitantes extranjeros hasta la Reserva. Ella solo ruega que la mula no sea racista y que, a pesar de no detectar el mismo tono pálido de piel y ojos que encuentra en la mayoría de sus pasajeros, no la vaya a arrojar en pleno fango, dejándola a merced de los miles de asquerosos bichos que se escurren por los parches de pantano.

Una vez que Pedro la asegura sobre el animal, el trío se encamina hacia las nubes, en el medio de una ruta ondulada de laderas y arbustos. Ella va preocupada, con su imaginación hiperactiva pintándose escenarios donde cae y rueda cuesta abajo mientras cientos de ramas pinchan su piel. La neblina que la rodea se va tornando más espesa y la siente como una gasa delicada y acolchada que ha sido enviada para protegerla del golpe.

Cerrando los ojos, llena de aire sus pulmones para luego expulsarlo lentamente a través de los labios partidos. Intenta imaginar su lugar seguro como le ha enseñado el maestro de meditación, pero el trote brusco de la mula dificulta su plan de escape. Le da miedo abrir los ojos y encontrarse con aquella realidad de medios de transporte ridículos y acantilados amenazantes. Sin embargo, luego de una hora de introspección desesperada, siente curiosidad por saber lo que pasa a su alrededor. Entonces, apretando los puños para tomar impulso, abre los ojos de sopetón.

Sus pupilas se ensanchan de la emoción dejándola atónita ante el paisaje espectacular que se extiende ante ella. Dándose permiso por un momento de disfrutar de la magia de aquel espacio, se ve a ella misma como una amazona, cabalgando un espléndido corcel de pelaje oscuro y brillante, evadiendo con astucia y ligereza los precipicios afilados que salen a su encuentro.

En compañía de su humilde escudero, repasa los recovecos del exótico y húmedo terreno, donde cientos de criaturas mitológicas cantan y bailan para ella. Un pájaro de cabeza dorada y plumas multicolores se arroja desde las ramas para darle la bienvenida. Ranas inmensas y monos aulladores se unen al homenaje, y le dedican un cálido y sonoro concierto.

El encantamiento llega y se va con la neblina, y enseguida se halla espantando una nube de mosquitos gigantescos que se pelean por engullir sus brazos. Aprieta los dientes para no gritar y maldice desde lo más profundo de sus entrañas al biólogo, a la mula y a ella misma.

La desesperación la distrae y no se da cuenta de que la llovizna que los ha acompañado durante casi todo el viaje, ha ido en aumento. Cuando gotas infladas como perlas le abofetean el rostro, se despabila por fin de su monólogo de auto-indulgencia. Desata de su cintura un impermeable llamativo y sofisticado, adquirido especialmente para la ocasión. El trapo delgado, con todo y su pomposa etiqueta, la traiciona de la manera más vil y acaba totalmente empapada.

Durante las últimas horas de su empinada travesía, consigue transportar la mente a otro lugar, permaneciendo en un estado de inercia mientras la mula continúa con su imperturbable cabalgata. El abrazo mareante de la neblina y el follaje, intensifican la sensación de trance a la que se ha abandonado. Cada cierto tiempo, como entre sueños, escucha a Pedro preguntarle con voz alarmada si se encuentra bien. Quiere mover la cabeza en señal afirmativa; pesa tanto. Cuando está a punto de rendirse del todo, siente un par de jalones en el brazo y escucha que le dicen, "señorita, señorita, mire. ¡Ya llegamos!".

Aunque la imagen se le presenta borrosa, cree distinguir a lo lejos un manojo de cabañas y, poco a poco. Se da un par de palmadas en el rostro, respira hondo y deja que se deslice por su cuerpo un poncho celeste y delgado que no recuerda haber traído. Unas finas agujas líquidas acribillan su piel. Apenas las siente.

Destrozada y altiva, realiza su entrada triunfal a la Reserva sobre el lomo de la camilla de cuatro patas. Lista para proclamar su victoria, busca ansiosa entre los aparatos a su biólogo. Le parece reconocer su silueta detrás de un toldo de polillas. Entonces un resplandor se apodera de su rostro y luego, todo negro.

Un pitido penetrante y persistente la despierta. Trata de mover el brazo para aniquilar aquel ruido insoportable; la maraña de tubos se lo impide. Aterrada, mueve los ojos de un lado al otro buscando explicaciones. La neblina saturada de cloro se pierde entre paredes de marfil y los rayos plateados de la luna se funden en una lámpara fluorescente.

En aquel ir y venir de tinieblas, Ella reconoce a Pedro junto a la mula. Las pupilas de aquellos seres rudimentarios rebosan de lástima.

Lástima por Ella. La princesa.

Las criaturas empiezan el camino de vuelta por el brumoso sendero, alejándose de Ella, disolviéndose en una espuma siniestra. Abre la boca para gritar, pero el aire no llega a los pulmones. Asfixia.

La garganta tiembla inservible mientras el aterrador pitido continúa rebotando a su alrededor sin piedad. Indiferente.

Sigue intentando gritar. Preguntar.

Un bozal cristalino acaba de silenciarla.

ATASCO

—¿Qué pasa? ¿Por qué no avanzamos?

El eco de una exhalación dramática llegó desde el lado del conductor. Después tan solo silencio. Aquel silencio mordaz que se empeñaba en ocupar todos los espacios, acechando cada rincón que le correspondía al aire. Un silencio que sofocaba, que agotaba. Las pequeñas distracciones en casa anestesiaban las heridas de la indiferencia; ahora, atrapada en aquel atasco sin sus libros y telenovelas, Paula tuvo miedo de sentir. Como en un cruel sueño, un grito se atoró en su garganta.

Bajó el cristal de la ventana —no muy despacio, no muy rápido— no quería mostrarse vulnerable. El aire acondicionado no funcionaba bien y cuando el carro se detenía, dejaba de soplar del todo. Armando no había llevado el auto al mecánico. "Tengo mucho trabajo", fue su excusa. Paula no le creyó. Estaba segura de que no lo había hecho solo para disgustarla. Su diversión era atormentarla.

Mientras luchaba con ella misma para no sentir rabia, desde algún rincón del espeso tráfico se escuchó un golpe seco. Sus ojos recorrieron los vehículos de adelante encontrándose con una peculiar imagen. Un hombre enorme saltó de una camioneta también enorme con un ademán exagerado. Como un rinoceronte, se movía en el medio de una selva de metal y asfalto, gruñendo mientras se aproximaba a uno de los autos.

No podía escuchar lo que el gigantón gritaba al conductor de un minúsculo auto gris; por sus movimientos grotescos, no se trataba precisamente de elogios. Agradeció secretamente aquel espectáculo gratuito. Le entretenía ver al gigantón alzar sus torpes brazos y golpear la ventana en actitud de amenaza. A pesar de su enojo, no pudo evitar una sonrisa al pensar en la obviedad de que aquel fortachón seguía dolido por la falta de atención materna.

Pero el *show* duró poco. Luego de desahogarse un rato el hombre dio la media vuelta, listo para retornar a su llamativo vehículo. Paula pensó que era una lástima. Esperaba más del gigantón. Con lo gracioso que se veía dando pataletas de niñito malcriado. Sin embargo, en cuestión de segundos, algo formidable ocurrió. Los roles de la tragicomedia se intercambiaron y el depredador se convirtió, como por arte de magia, en el animalito perseguido.

—¡Tiene un arma! —chilló Armando, la voz temblorosa.

Más que sus palabras, lo que dejó boquiabierta a Paula fue escuchar a su marido mostrar algún tipo de emoción. Cuando por fin reaccionó, se dio cuenta de que una mujer de melena roja, revólver en mano, y el gigantón a quien perseguía, corrían en dirección a ellos.

Se oyó un grito entrecortado y el chirrido de la puerta. Para cuando Paula volteó, su marido ya iba corriendo como alma en pena por la calle. Mientras lo veía escurrirse como una culebra, escuchó unos estallidos secos. El zumbido en sus oídos la dejó confundida un rato. Se asomó por la ventana y vio que, a pocos pasos, se había formado un tumulto de gente. No pudo distinguir ni al gigantón ni a su perseguidora.

Las patrullas no tardaron en llegar con un séquito exagerado de sirenas. En cuestión de minutos, los uniformados tomaron control de la escena y hacían señas a los conductores para que reanudaran su camino. Curiosos y chismosos regresaban a sus coches y comentaban deleitados lo que acababan de presenciar. Paula los miró con desdén. "Seguro esto es lo más interesante que les ha pasado en años. ¡Qué patéticos!", se dijo sacudiendo la cabeza. "Por supuesto que la joyita de mi marido tenía que ser el cabecilla del grupo". Armando se subió al auto como si nada.

—¡Qué valiente! Saliste corriendo como niñita asustada. Y de mí, ni te acordaste, ¿cierto?

Él ni siquiera intentó disculparse. Le dijo que estaba estresado por lo que había pasado y que por favor no le molestara. Un poco antes de que se alejaran del lugar, Paula alcanzó a ver a dos oficiales con la mujer de pelo rojo. Sintió deseos de abrazarla. Enseguida la perdió de vista y todo con lo que se quedó fue un vacío enorme. "¡Qué locura!", pensó, "¿no debería de estar aliviada de que al fin hayamos salido de aquel atasco?". Fue entonces cuando entendió el motivo de su pesar. "Voy camino a un atasco mucho peor". "El peor de todos".

Paula cuestionó el haberse conformado con un marido tan debilucho, indiferente. Sobraban las respuestas. La preocupación de quedarse solterona, la presión de su mamá, el qué dirán. Terror a la soledad. "¡Qué ironía! Si me siento más sola que nunca". Miró a Armando. Era un zombi al volante.

"¡Pude haber muerto en aquel tiroteo!". Fue entonces que vio todo con claridad. "La vida me ha dado una nueva oportunidad". Aquel evento era lo que necesitaba para despabilarse. No era tarde, claro que no. Todavía era una mujer saludable, atractiva y en algún rincón de la casa, había un título coleccionando polvo.

"Iniciaré los trámites del divorcio inmediatamente." No esperaría a que fuera oficial. Al día siguiente se iría de la casa. Armando se podía quedar con todos los vestigios de aquella vida tediosa. Para cuando el auto comenzó a atravesar la entrada del garaje, Paula ya tenía una larga lista de planes. "¡Planes! No recuerdo cuándo fue la última vez que hice planes." No quería detenerse a pensar por qué había tardado tanto en escapar de la desidia. No regalaría un minuto más a la amargura.

Aquella misma noche haría una reserva en un crucero de solteros, buscaría el mejor lugar en Italia para tomar clases de arte y comenzaría a barajar temas para la gran novela que escribiría. Salió del auto tan eufórica ante todas las posibilidades que de repente se le presentaban, que no sintió las gruesas gotas resbalar por sus piernas. Oyó un grito y al voltearse, se encontró con los ojos vacíos de Armando, quien la señalaba mientras balbuceaba algo incompresible. Alguna bobería.

—Por fin me voy a librar de ti —rio Paula, el rostro pálido exhalando alivio. Esperanza.

Aquel pensamiento la arrulló mientras se desparramaba sobre el suelo del garaje. Allí, donde la sangre y el aceite iniciaban una nueva batalla.

EL INTRUSO

Un hocico presionado contra el vidrio. Eso fue lo primero que la mujer divisó del intruso. Lo encontró tan quieto, que por un momento pensó que estaba muerto. Se acercó de puntillas, conteniendo la respiración; golpeó la puerta transparente con los puños. Nada, no se movía. Se agachó a la misma altura que la del visitante impertinente para cerciorarse de que no respiraba cuando, sin aviso, este pegó un salto magnífico. La mujer perdió el equilibrio y cayó de espaldas. Hizo a un lado su cara y puso sus manos como escudo, olvidando por un instante que existía una barrera entre los dos.

Se sintió increíblemente tonta por dejarse sorprender así. "¡Ya ves! Por eso te dejaron, ¡porque eres una estúpida!". Mientras se decía esto, comenzó a hacer la cama, halando y lanzando todo de mala gana. Un pensamiento entrometido la congeló a medio hacer. "¿Para qué arreglas tu cuarto? Total, nadie más que tú lo va a usar. Ya no existe ninguna razón para que ordenes ni limpies nada". Encogiendo los hombros, caminó a la cocina y sacó de la nevera un pastel de chocolate embadurnado de crema. Ya se había comido casi la mitad. Espantó el sentido de culpa como si fuera una mosca. No iba a permitir que regresara a molestarla. "No tiene caso ya, a nadie le importa que te pongas gorda".

Vio el reloj marcar las once de la mañana. Se sentó en el sofá y encendió la televisión. Era la hora del noticiero. Todo lo que reportaba la rubia oxigenada de la pantalla era patético. "Por lo visto, el mundo está peor que yo" se dijo. Comenzó a apretar los botones del control remoto con furia. Por fin aterrizó en una película "cursi", de esas en que la protagonista fracasa durante casi toda la trama; antes del final, las soluciones a sus problemas aparecen de la nada. Además, para cerrar con broche de oro, atrapa a un galán millonario y colorín colorado. Era exactamente lo que se le antojaba ver. "Ya no tengo que estar enterada de los acontecimientos del país o del resto del mundo. ¿A quién le importa el resto del mundo? No hay nadie a quien seguirle la conversación, nadie que me juzgue por ver lo que se me dé la gana". Ahí se quedó anclada hasta la media tarde. En el plato donde antes había un pastel, apenas quedaban unas migajas nadando entre la grasa. Cuando la vocecita de su cabeza estaba a punto de asaltarla con reproches, con el rabo del ojo alcanzó a ver el hocico.

Esta vez, unos ojos enormes y vidriosos acompañaban el hocico peludo. Ella se quedó hundida en esa mirada por un minuto. Antes de que la pena la sobrepasara, se acercó a la puerta del jardín con la intención de espantar al molestoso invasor. Fue entonces cuando se dio cuenta de que este había arrasado con la mitad de su arbusto de rosas, ese que tanto trabajo le había costado cultivar. Tuvo unas ganas inmensas de perseguirlo y acabar con él de una buena vez; entre irse de cacería y seguir desparramada en el sofá dejando que la tele pensara por ella, eligió la segunda opción. "Total, ¿qué más da?". Volvió el rostro hacia el ser que la seguía con sus ojos inquisitivos por toda la casa, le dedicó un gesto obsceno y gritó: "¡cómete el jardín entero si quieres! ¡A ver si así te mueres de un empacho y dejas de hostigarme!". Él ni siquiera se inmutó. Exasperada, en un par de zancadas ya estaba explorando el refrigerador.

Así pasaron dos días más. La mujer solo se levantaba del sofá para buscar comida, ir al baño y pegar alaridos a la criatura que la contemplaba desde afuera. Cada vez que comenzaba a sentir que el cansancio de no hacer nada pesaba sobre sus ojos, sabía que "él" la estaba mirando. De igual manera, al despertar, en el instante previo a los primeros parpadeos, tenía la certeza de que lo encontraría en el mismo sitio, impávido, y saludándola con el hocico.

La mañana del tercer día se despertó con un hueco ardiente en el estómago; su cuerpo aullaba por algo dulce. Desesperada, buscó por todos los rincones de la cocina, saltando para tocar el fondo de los anaqueles y husmeando cada repisa del refrigerador; no encontró nada que no requiriera algún tipo de esfuerzo para que fuese comible. Tendría que salir.

Apenas a dos cuadras de la casa había una tienda, pero ella anticipaba la salida como una travesía enorme tan solo de pensar en los ojos y bocas cargados de veneno de sus vecinos. Se los imaginaba agazapados detrás de las ventanas, esperando pacientes por la oportunidad perfecta para atacar. Ser el blanco de chismes punzantes no era en realidad lo que más le preocupaba. Sino que le aterraba la idea de que la mirasen con cara de pena. Aunque podía soportarlo casi todo, que le tuviesen lástima era demasiado. Arrastró los pies hasta el sofá, se desparramó y se cubrió entera con la pesada manta. "Mejor dormir y no pensar" pensó. Antes pensó que el sueño llegara a su rescate, escuchó unos golpecitos en la puerta de vidrio. "¡Déjame en paz animal del demonio!", gritó sin destaparse. Él no se dio por vencido; insistió y siguió llamándola usando el hocico a falta de puño.

Agotada de luchar contra lo inevitable, se deshizo de la manta, devolvió la mirada a su contrincante y le cedió el triunfo. Sabía lo que tenía que hacer. Por primera vez en varios días, caminó por el pasillo hacia la puerta de entrada. Colgados junto a las llaves, encontró un collar y una correa de color fucsia. Las decenas de piedritas brillantes que saturaban los dos objetos lastimaron sus ojos. Recordó el día en que su ex los compró y la manera en que había corrido de regreso a la casa, prácticamente babeando, para dárselos a su princesa, su amada chihuahua. "¡Imbécil!". Desperezándose, extendiendo el cuello y los brazos, regresó a la sala. Desde allí intercambió una mirada cómplice con su pequeño intruso. Ya era tiempo de que se conocieran formalmente.

Quince minutos después, la mujer y el conejo caminaban por la calle. La correa fucsia tambaleaba al ritmo de los saltos de la esponjosa criatura. Desde los ojos incrédulos de los vecinos, parecía que la mujer brincaba con su acompañante. Entre exclamaciones y cuchicheos, las miradas eran burlonas, de asombro, hasta de susto; pero en ninguna asomaba la pena. Nadie se atrevió a acercarse o dirigirle la palabra.

Con una sonrisa que desbordaba su rostro, Ella iba pensando en los dos pasteles y las cajas de chocolates que estaba por comprar. Añadiría a la cesta tres botellas de vino, queso, pan, un par de lechugas. Unos manojos de hierbas también.

En unos saltitos más, llegarían a la tienda.

EL MOTEL

Miles de serpentinas plateadas caían a torrentes desde el cielo, estrellándose y haciendo crujir el parabrisas a su paso. Cada vez que el auto amenazaba con patinar, Mariana se acurrucaba un poco más sobre la manta de alpaca que le había regalado su madre. A su lado, con los hombros encogidos y el cuello estirado, Esteban se aferraba al volante. Alternaba la mirada entre descifrar el camino por delante y ajustar el sintonizador de la radio. A pesar del clima, unas gotitas de sudor comenzaban a formarse en el nacimiento de su frente.

Como retando el ambiente a un duelo, la música que salía de los parlantes evocaba un cielo despejado, palmeras, y dulces cócteles que bailaban en compañía de alegres sombrillas de papel.

El corazón de Mariana seguía el ritmo del timbal. De vez en cuando, el popurrí tropical era interrumpido por un reportaje veloz acerca de la tormenta. Igual que el trombón, el tono del que anunciaba el clima, parecía volverse más agudo a medida que la pareja se adentraba por su camino en las montañas de Colorado. Podía adivinar que, aunque Esteban moría por acabar con aquella banda sonora ridícula, la prefería a los sonidos ahogados que acechaban al otro lado de los cristales.

Aprovechando un descanso de sus estudios de posgrado, la joven pareja iba camino a visitar a unos amigos en California. No era la primera vez que se arriesgaban a lanzarse a un viaje largo en su auto desvencijado; en esta ocasión, debido a las predicciones de la tormenta, casi todos sus amigos habían intentado disuadirlos. Esteban había descartado las advertencias como siempre, alegando que la gente exageraba. "Vas a ver como no pasa nada", le había dicho a Mariana con su actitud de saberlo todo. Ahora lo veía morderse los labios con la misma fuerza con la que sus manos apretaban el volante.

Los pocos hoteles que habían encontrado estaban al tope. Mariana escudriñaba con desesperación todos los rincones en busca de un refugio mientras la nieve acompañaba las maracas con su danza tétrica. La nieve se acumulaba como lanzada por volquetes, convirtiendo el auto en un nadador que se batía con la corriente brava.

—Mira, Esteban, ¡allí! —gritó Mariana forzando los pulmones y callando la música burlona de un manotazo. —¿Ves ese letrero?

A través de la cascada blanca, sobresalía un pequeño tablón. Lo cruzaba la palabra *Motel*, subrayada por una flecha de color rojo que apuntaba hacia un camino apartado. Mariana habría preferido no alejarse de la carretera principal, pero la oscuridad amenazaba con tragárselos. No podían arriesgarse a quedar atrapados en la nieve, sin un lugar donde pasar la noche. Accedió a que la flecha hiciera de guía.

El sendero los arrojó a una calle en forma de herradura, delineada por un manojo de cabañas de madera. La oscuridad ya se había asentado en el lugar y no se podía ver ningún otro vehículo. El escalofrío que le provocó aquel silencio seco, impulsó a sus dedos a invitar de nuevo la intromisión de la escandalosa música. Estacionaron al lado de la única cabaña que dejaba entrever algo de luz. Esteban no parecía muy animado a salir del coche; sacudiéndose las dudas, finalmente abrió la puerta.

—No me tardo. Asegura las puertas.

Mariana lo siguió con la mirada. A pesar de que se sumergió todo lo que pudo dentro de la manta, sus dientes continuaban marcando la melodía de la radio. Quería curiosear lo que había detrás de la ventana que tenía cerca; parecía llamarla, muy seductora a través de su encaje de hielo, dejando asomar apenas un tímido resplandor.

Como si alguien hubiera leído sus pensamientos en aquel instante, las cortinas se corrieron y la ventana se iluminó escandalosamente. Tres pares de ojos ardían sobre su rostro.

Dispuestos alrededor de una mesa de billar, como estatuas congeladas que mantenían la pose de su juego interrumpido, tres muchachos observaban fijamente a Mariana. A la joven le pareció estar frente a actores de cine a quienes había pillado en un momento casual

entre grabaciones. Se sintió en el medio de un duelo de miradas donde las preguntas que se disparaban de ambos lados, se fundían en una sola respuesta. Una ráfaga cálida se coló por las rendijas de las ventanas. De repente no hicieron tanta falta la manta ni la música de fondo. Los golpes ligeros en el vidrio la sorprendieron. Aunque regresó a mirar a su esposo, pudo ver de reojo que los chicos habían retomado su juego como si nada. Esteban daba pequeños saltos y se frotaba las manos.

—¡Conseguí una cabaña! —dijo, sacando del bolsillo un par de llaves inmensas como si fueran un trofeo. —¿Hay algún adulto ahí adentro? — preguntó Mariana, anticipando desde ya la respuesta. Esteban movió la cabeza de un lado a otro levantando las cejas y los hombros.

—Ya es tarde para arrepentimientos. Mira a tu alrededor. Sin cadenas en las llantas va a ser imposible escaparnos.

Tan pronto cruzaron la puerta de la cabaña, una nueva avalancha cayó sobre ellos; los estornudos de Esteban. Al rascar la mesa, el dedo de Mariana quedó cubierto por la capa grisácea que adornaba los anticuados muebles y cortinas. A su alrededor, como un reptil sigiloso, el moho se apoderaba de las paredes agrietadas.

Estaba tan agotada, que ya no le quedaban fuerzas para sentir miedo; ni tan siquiera asco. Tan pronto puso la cabeza sobre aquella almohada áspera y tiesa, se quedó dormida.

La luz punzante que se regaba a través de las rendijas de las cortinas interrumpió su sueño. Asomándose por un rincón de la ventana, evitando alborotar el polvo enemigo, comprobó que la tormenta había pasado. Una sensación de nostalgia la golpeó y no supo si estaba contenta o triste de retomar el camino. Se quedó ahí quieta unos segundos, hundiendo la mirada en el abismo blanco mientras lo decidía.

Mientras Esteban iba a la recepción para encargarse del pago, Mariana se puso a la tarea de raspar el hielo que se aferraba caprichoso al parabrisas. No había transcurrido ni un minuto cuando escuchó el crujir de unos pasos acelerados. Se volteó enseguida y notó que el color del rostro de su marido hacía juego con el paisaje.

—¿Qué ocurre? —preguntó, a la vez que ponía toda su concentración en picar el hielo. Como si temiera enfrentar la respuesta.

Esteban no contestó. Se acercó y frenó con delicadeza el brazo que seguía insistiendo en destruir al cristalino invasor. Tomándola de la mano, llevó a Mariana hasta la recepción. Se toparon con una puerta descolorida y astillada, resguardada por un viejo candado y una cadena oxidada.

—Mira por la ventana —dijo Esteban. Conteniendo la respiración, Mariana corrió a asomarse por la misma ventana desde la cual, hacía tan solo unas horas, había sido atentamente observada por un manojo de miradas azuladas. En aquel espacio, apropiado la noche anterior por las estatuas de actores de cine, yacía la mesa de billar, rota y envuelta en telarañas. El resto de los muebles y objetos que alcanzaba a ver se encontraban en el mismo estado. Aquel ambiente, sumido en el deterioro, resaltaba la ausencia de sus últimos ocupantes.

Retrocediendo unos pasos, Mariana repasó con la mirada los alrededores. Estaban completamente solos. Quería hacer tantas preguntas, pero su mente entumecida no podía juntar las palabras. Cabizbajos y en silencio, regresaron al coche. Muy aparte de lo que había o no había ocurrido, debían seguir su camino. Era la única certeza a la que Mariana se podía aferrar en aquel momento.

A los pocos minutos, mientras luchaban por despejar el parabrisas, un patrullero se deslizó por el camino. Sin bajarse del auto, un oficial canoso les preguntó por qué estaban allí. Esteban le explicó la situación.

Desplegando una sonrisa chueca, mirándolos de arriba a abajo y en un tono que a Mariana le recordó la forma en que se habla a un niño pequeño, el hombre les dijo:

—Amigos, este motel ha permanecido abandonado desde hace más de diez años. Me temo que están invadiendo propiedad privada.

Esteban le contó agitado sobre los chicos con los que se habían topado la noche anterior. La sonrisa chueca no se inmutó. Mariana posó una mano sobre el hombro de su marido y este se dio cuenta de que no había caso en dar explicaciones.

—Voy a hacer de cuenta que no los he visto —la rechoncha figura arrastraba cada palabra como si la vida se le fuera en el esfuerzo—. Eso sí, tienen que irse de inmediato. Supongo que necesitan que llame una grúa.

Esteban asintió. Un intento de sonrisa de Mariana se quedó apenas en mueca.

—No se sientan mal, amigos —dijo el oficial, al tiempo que masticaba un palillo de dientes. —Honestamente, en su lugar, seguro que habría hecho lo mismo. Entre romper la ley o morir congelado dentro de mi coche, ya saben, como le pasó a esa pobre gente anoche... Pues entiendo, no tuvieron otra alternativa.

Luego de llamar a la grúa por la radio, el oficial levantó el sombrero en señal de despedida y se alejó del lugar. Mariana siguió al patrullero con la mirada hasta que desapareció por completo entre los pliegues de la nieve.

Llegaron a California sin más contratiempos. Las ondas tenues que cruzaban el cielo le daban una apariencia de mar en calma. Mar acogedor. El aire templado entraba discreto, acariciando con ternura la manta arrimada en el asiento de atrás.

   Sus amigos esperaban por ellos en el jardín con un par de cócteles en mano. Las alegres sombrillas de papel que sobresalían de las copas festejaron a los recién llegados meciéndose al ritmo de una pegajosa melodía tropical.

CONFESIÓN

El olor a madera antigua y las pelusas de polvo que flotan en el ambiente destrozan mi nariz enseguida. Acaba de sonar el timbre del segundo recreo y ya estoy instalada en el único refugio que me acoge dentro de esta pesadilla de escuela: la biblioteca. Por eso, un grito se atora en mi garganta cuando veo que mis amados libros yacen desparramados por el suelo como pájaros agonizantes.

—¡No se te ocurra tocar los libros! —grita la bibliotecaria con su voz de tiza hiriendo la pizarra—. Mientras no regresen a su sitio, luego de limpiar las repisas, no se pueden usar. Además, ¿qué haces aquí niña?, ¡sal al recreo!

—La profesora me mandó aquí —digo con la mirada en el suelo para fingir vergüenza. Sé que me va a creer. Es una práctica común entre los profesores de esta escuela desterrar a los alumnos difíciles a la biblioteca; como si se tratara del peor de los castigos.

—Siéntate en esa mesa, la que está cerca de la ventana —contesta, luego de torcer los ojos y dar un resoplido. —Ahí al lado hay unas revistas. Puedes leerlas… Eso sí, cuidadito con llevártelas a la casa. Son solo material de consulta.

Con mi ilusión deshecha junto a los libros, me lanzo enojada sobre una de las sillas, alborotando el silencio solemne. La mirada fulminante desde el otro extremo de la sala, arde en mi espalda. Me concentro en un aparato de madera que ya ha visto sus mejores años. Sus repisas astilladas albergan, estrujadas y arrugadas, un considerable número de revistas. La apariencia marchita de varias de ellas, delata que son despojos, probablemente enviados desde la mansión de algún generoso padre de familia.

Al acercar mi rostro a una de las portadas, activo un breve concierto de estornudos. Siento de nuevo la mirada amenazante como un latigazo. Mi alergia no sabe de reglas y silencios. Contengo la respiración por un momento. Sin grandes expectativas, mis ojos recorren el panorama de títulos e ilustraciones que van dibujando toda clase de géneros, desde historietas de superhéroes hasta manuales lánguidos de corte y confección.

Cuando ya comienzo a resignarme por el tiempo perdido, mis ojos se topan extasiados con una nave espacial y una silueta de astronauta que parece recién salido de una película. Semejantes a atracciones de circo rudimentarias, fascinantes al mismo tiempo. Aquellas imágenes insisten en que descubra lo que se esconde detrás del manojo de hojas desteñidas. Al tomar la revista, me percato de que hay otras parecidas en aquel hueco del estante. Me emociona haber develado una colección prometedora. Todos los ejemplares son delgados, casi como folletos. Sus hojas desprenden un olor igual a las del periódico que lee mi padre. Sin embargo, su color es diferente, como entre naranja y caoba.

Embelesada, devoro las cremosas páginas que cuentan historias de seres extraterrestres que han estado de paseo por este planeta desde siempre. Leo sobre avistamientos de granjeros, dibujos en cavernas y escritos antiquísimos; todos ellos pruebas indiscutibles de que han sido titiriteros de otro mundo quienes han manipulado el destino de la tierra y sus habitantes. Absorbo embelesada toda aquella información melosa y fantástica. Me pican los ojos por no dejarlos pestañear; vale la pena porque consigo leer hasta el último detalle de la revista. Cuando estoy lista para explorar una más, el encantamiento se rompe con el chillido burlón del timbre, arrastrándome de regreso a la tierra de los títeres que se repiten. Siempre se repiten.

Llevo dos semanas inmersa en temas extraños y sobrenaturales. Durante estos días, tener que ir a la escuela no ha resultado tan atroz ya que me he deleitado con los habitantes míticos y terroríficos que habitan a lo largo de las polvorientas páginas. Me presentan al temperamental sasquatch y al introvertido Nessie. Me seducen con historias sobre la Atlántida y el misterioso Triángulo de las Bermudas. Sin embargo, el tema que termina de atraparme, aquel que me ha de llevar de cabeza al confesionario, me espera paciente y silencioso dentro del último folleto.

A través de la ventana, alcanzo a ver las canchas de vóleibol y fútbol. Poco a poco, los reyes y sus peones van tomando el lugar al que creen pertenecer. Más cerca, veo a unos estudiantes entrar cabizbajos a la capilla. Otros van rumbo a la cafetería y el resto están dispersos en manadas, comiendo golosinas y conversando seguramente de la última fiesta, o de la próxima. Es lo mismo.

Me alegro de no estar allí afuera y saboreo aquel momento; la última galleta de la caja. Triste de que el mundo fantástico esté por esfumarse, mis ojos recorren la portada, ansiosos e impacientes. En el medio de imágenes confusas, la palabra "reencarnación" sobresale como un letrero de neón.

Aunque no sé muy bien de lo que va el tema, la intuición del catecismo taladrado me alerta sobre un pecado inminente y una vocecita me advierte que no lo haga, que no me atreva. Miro al reloj que cuelga en la pared y dejo que mis dedos inquietos se deslicen, repasando con trazos invisibles las ilustraciones.

Lo que sigue es inevitable.

"Ave María purísima...".

Tengo la desafortunada idea de preguntarle a mi padre acerca de la reencarnación. Luego de una respuesta apurada que no me aclara nada, deja que sea mi madre quien lidie con la continuación de aquella historia. Es así que acabo de rodillas sobre una almohada de terciopelo rojo. Le cuento al sacerdote de los libros agonizantes, la voz de tiza, los extraterrestres, Nessie y los niños con alma antigua.

La voz detrás de la ventanita me dice que solo un hombre tuvo el poder de regresar de la muerte; que deje de leer tonterías; que esas cosas las escriben herejes para confundir a la gente. Me ordena rezar diez padrenuestros y veinte avemarías. Enseguida la ventanilla se cierra con un golpe seco poniendo fin a las preguntas.

Obediente, recito la cadena de padrenuestros y avemarías como en un trabalenguas. Entonces, luego de hablar con Dios, converso con las otras vocecitas. Les digo que se tienen que esperar, que no me pueden seguir metiendo en problemas.

Ya llegará el día en que podrán salir a jugar conmigo.

AMOR DE LEJOS

Interrumpiendo el exagerado tarareo por unos segundos, solo para ajustar los lentes de alambre sobre su nariz, Armando da un respiro y mira a su alrededor como quien acaba de ganar un juego complicado. Es su primer día de trabajo en aquel lugar y, emocionado, saca de la caja algunos tereques destinados a dar un toque personal al estrecho cubículo disfrazado de oficina. Coloca un título amarillento sobre la pared y en el escritorio, un pisa papeles obsequiado por su madre. También extrae de la caja de tesoros, unos bolígrafos negros con bordes dorados comprados por él mismo.

No puede faltar el corcho salpicado de retratos aleatorios de su vida. Lo ubica en un lugar visible desde la puerta y una por una, va sujetando las fotos con tachuelas de colores: una con sus padres y hermana, la siguiente en un entrenamiento con sus antiguos compañeros de trabajo y otra de él solo con una playa ordinaria como telón. cariño y cuidado extremo, reserva el centro del corcho para la imagen más importante, la más especial, aquella de una muchacha de belleza nórdica que parece haber escapado de las páginas de un cuento de hadas.

Todos los que entran a darle la bienvenida, se fijan en la blanquísima y rubia muchacha de la imagen. A continuación, en el más intenso de los tonos enconosos, le preguntan: "¿esa es tu novia?". Desplegando su dentadura torcida y acomodando los lentes que insisten en resbalar por la grasienta nariz, Armando les contesta que sí, que está en lo correcto y que la conoció en un programa de intercambio en Suecia. Proceden entonces las averiguaciones sobre dónde vive la sueca en aquel momento; la respuesta activa un largo "uuuy…", seguido de un "amor de lejos…", rematado por risas maliciosas.

Con su vocecita aguda, Armando les dice que no, que su caso es diferente y que su novia ya está haciendo los trámites necesarios para mudarse con él. El interrogatorio finaliza con la historia cursi de cómo se conocieron, a la que sólo le falta música a lo Celine Dion de fondo. Los curiosos salen de su oficina casi levitando en un suspiro, preguntándose con nostalgia por qué no ha llegado a sus vidas un amor de película como ese. Si le ha tocado tremenda suerte a aquel bicho raro, ¿por qué a ellos no?

A la hora del almuerzo, los colegas de Armando esperan recibir las últimas novedades sobre su romance. Siempre que habla de su novia sueca, sus ridículos lentes parecen reflejar fuegos artificiales color rosa.

Durante algún tiempo, les dice que no falta casi nada para que su niña adorada arribe a la ciudad. No mucho después, aparece con la triste noticia de que, por cuestiones de estudios, su novia ha tenido que posponer la mudanza. "no, todo está perdido", anuncia. La célebre muchacha ha comprado un pasaje para visitarlo y así aliviar en algo la angustia de la distancia que los está matando.

Transcurridas un par de semanas, Armando parece saltar en una patita. Su amada ya se encuentra junto a él. Resulta que la agenda está tan apretada, que va a ser imposible que la gente de la oficina la conozca. Unos días después, sus colegas escuchan embelesados una historia a la que solo le faltan efectos especiales. En un viaje de ensueño y con un volcán de testigo, Armando ha pedido la mano de su princesa. Alrededor de la mesa en la cafetería, hay algunas personas de pie; prefieren no comer antes que perderse un solo detalle de la romántica escena.

Tres días más tarde, Armando pena los pasillos. Su prometida está de vuelta allá en su lejano país y la nostalgia le impide respirar. Sus compañeros le regalan caras de pena y le ofrecen las palabras y palmaditas del caso. No se debe preocupar; ya verá como todo saldrá bien.

Dos meses después Armando los sorprende de nuevo. Se va dejándolo todo: trabajo, familia y país. El amor es lo único que importa y ha decidido volar junto a su princesa. En una mezcla de pesar, envidia y admiración, sus colegas le desean buena suerte, pidiendo que los mantenga al tanto de los pormenores de aquella saga, la más cautivadora de su vida laboral.

En menos de cinco semanas, todos reciben un correo electrónico donde Armando les cuenta sobre su nueva vida en Suecia. Con detalles minuciosos, describe a las personas, el clima, las calles, su apartamento y a la familia de su novia. Todos suspiran con el final feliz de un *reality* que los ha mantenido en suspenso durante meses. Cada uno escribe a su ex-compañero mensajes emotivos, deseándole lo mejor y prometiéndole que, segurísimo, lo irán a visitar algún día.

Al otro lado de la ciudad, el tarareo, los lentes resbaladizos y los dientes torcidos se deleitan golosos con la lectura de cada mensaje. Junto a la computadora del nuevo escritorio, a la espera de su lugar de honor en el corcho, la foto robada de *Google* reposa con tinta fresca. Esta vez el cabello es oscuro; el rostro, color oliva.

El lugar del intercambio: Italia.

ENTRE LAS MARGARITAS

Lu declaraba propiedad sobre todas las culebras del campo. Era la más vieja del pueblo así es que había ganado ese derecho. Por eso siempre perseguía y gritaba a los hijos del vecino, los temibles García. Unos pillos que se divertían atormentando a los animalitos.

La cabaña de Lu estaba un poco más abajo de la nuestra en la hondonada del valle. Me gustaba como recogía su melena blanca con unas largas y puntiagudas horquillas. Recuerdo que me decía, "las culebras negras son grandes amigas. Cuando me visites, te voy a presentar a la culebra Pili". Pili había vivido por años en el patio de Lu, ocupando una esquinita de la chimenea de piedra. "Cuidado y te juntas con esos niños horrorosos que maltratan a las culebras negras. Ven a merendar una de estas tardes, vas a ver cómo te enamoras de Pili, tan linda con su platito de leche".

La vieja Lu tenía un huerto detrás de su casa, al final de un pequeño camino de piedra. A un costado, se alzaba un granero donde vivían una vaca y algunas gallinas. También un gallo, grande y rojo, al que no le simpatizaba para nada Pili. La arañaba con sus garras para que dejase en paz a los habitantes del granero. La culebra igual conseguía escurrirse y obtenía de vez en cuando unos huevos inmensos.

Un día, los García estaban haciendo de las suyas, robando todo lo que encontraban a su alcance. Pili descansaba en el tibio nido donde una de las gallinas acababa de poner un huevo. Le gustaba acurrucarse en aquella calidez por un rato antes de zamparse el suculento manjar, algo que le demandaba bastante esfuerzo. De repente una mano grosera aterrizó en el medio del nido. Vaya susto que se llevó el dueño de la mano imprudente cuando se dio cuenta que lo que estaba halando era una culebra. La soltó enseguida. El grito retumbó a lo ancho del valle.

"Pili es mi protectora", se carcajeó Lu mientras los pilluelos García se fugaban, arrastrando el saco mugriento donde guardaban su botín. Estoy casi segura de que fue a partir de ese momento que empezaron a maquinar su terrible venganza.

Pili amaba subir por los árboles ya que escondían suculentas sorpresas. Se deslizaba hasta lo más alto y desde sus ojos de culebra contemplaba el mundo. Me gustaba verla colgada como una soga brillante, columpiándose entre las ramas. Pero su sitio favorito era sin duda un prado de margaritas cerca del manantial. Aquel era su rincón especial. Durante el verano, descansaba y se refrescaba entre las alegres margaritas. Disfrutaba el día entero en aquel lugar de ensueño.

Una mañana vi a Lu cargada de frascos repletos de conservas. Los iba a llevar a unos familiares que vivían al otro lado del valle. Puso un poco de mermelada en el platito de Pili antes de marcharse. La culebra Pili se distrajo del gusto y no percibió que el ambiente estaba demasiado quieto. Ni siquiera se escuchaba a los pájaros, como si un depredador acechara muy cerca. Totalmente despreocupada, Pili se deslizó dentro del granero para descansar.

Entonces los vi.

Corriendo descalzos. Arrastrando su asqueroso saco.

Los García.

No pude hacer nada. Todo ocurrió demasiado rápido. En menos de un minuto salieron con rostros triunfales del granero y lo único que dejaron a su paso fue un polvo arrebatado.

Mi madre me prohibió abrir la boca. Dijo que yo no sabía con exactitud lo que sucedió dentro del granero, que no debía andar de chismosa creando conflictos entre los vecinos.

Aquella tarde vi a Lu afuera de su casa mirando hacia el horizonte, buscando en el camino terroso alguna señal de Pili.

Así lo hizo por varios días. Me dolía el estómago de verla ahí parada, los mechones de pelo blanco desordenados mientras su cabeza se agitaba en la búsqueda.

Buscó por varios días hasta que finalmente, triste y altiva, se resignó: "Si Pili estuviese viva, ya habría regresado. Debo aceptar que no volveré a verla nunca más".

Inventé una excusa y eché a correr. No dejé de hacerlo hasta que estuve lejos.

Lejos de Lu.

Lejos de todos.

Cuando frené para recuperar el aire, me fijé en unas margaritas cubiertas de polvo a un lado del camino. Aquellas flores, las montañas, la casa de Lu, el granero, todo era hermoso. En el cielo, las nubes esponjosas se fueron apretujando hasta convertirse en cientos de margaritas. Fascinada ante aquel brote espectacular, permanecí en silencio sin atrever a moverme.

Entonces la vi. ¡Sé que la vi! Ahí, en medio de aquellas flores a las que amaba tanto, la culebra Pili se mecía feliz.

Se rio de mí. Yo me reí también y volví a casa.

VIAJE DE CARRETERA

"A lo mejor son portales hacia otra dimensión". Sí, ¡eso fue lo que dijiste!

Torcí los ojos y seguí apretando con insistencia el botón de la radio, buscando una alternativa más elocuente para aliviar el silencio. Entendí en ese momento el peligro de no llevar buena música en un viaje de carretera puede terminar, como fue nuestro caso, en conversaciones sin sentido.

Fue así que acabamos cuestionando qué hacían las dos personas que vimos a un lado del camino. No se veía absolutamente nada a lo largo de varios kilómetros a la redonda. "¿A dónde diablos van?", fue la pregunta lanzada al universo un instante antes de que propusieras tu ridícula teoría.

"Claro, ¡seguro que es eso! Pues con las fachas que llevan, espero que viajen a una dimensión donde se puedan dar un buen baño y conseguir mejores zapatos".

¿Te acuerdas cómo nos reímos de mi ocurrencia? Luego de eso me alegré de que por fin la radio arrojara una canción decente. Pensé que así nos podríamos guardar los comentarios un rato hasta que la musa nos iluminara con algún tema inteligente.

Me parece verte aquí todavía; con tus lentes toscos enmarcando esa mirada hiperactiva y conduciendo de buen humor mientras maquinabas tu próximo disparate. Te encantaba viajar por carretera, sin un rumbo fijo. "Lo que cuenta es el camino, eso es lo que debemos disfrutar", me decías. Yo te discutía y contestaba que no, que lo importante es hacia dónde nos llevaba aquel camino.

"Piénsalo un poco, *darling* —continuabas— ¿Y si morimos antes de arribar a nuestro destino? Sería triste no haberlo disfrutado entonces, ¿no crees?".

"¡Ay, ese no es el punto!", yo insistía. Tú encogías los hombros y te ponías a cantar mientras unos hoyitos preciosos se asomaban en tus mejillas. Así descartábamos nuestras discusiones insalvables, subiendo el volumen a tope y acompañando a todo pulmón, gallos incluidos, la canción de turno.

Ahora soy yo la que va en el asiento del conductor con la radio y el alma en silencio. Como forzando la mirada durante una película borrosa, intento visualizar esos últimos momentos. ¿Acaso ibas cantando tan despreocupado que cerraste tus ojos traviesos por un segundo y no viste el camión descarrilado? ¡Maldita música! En unos segundos se encargó de aniquilar ese refugio que siempre fue para nosotros conducir por la carretera. Sé demasiado bien lo que me dirías en este momento: "no seas trágica, *darling*. Es tu vida. No dejes que nadie te arruine el viaje. Ni siquiera yo."

Ya no estás para discutirme y rumiar tus argumentos absurdos en ese capricho eterno de querer cambiar mi opinión. Ahora estoy en plena libertad de vivir engañada, creyendo que poseo las respuestas para todo. Ya no estás aquí para recordarme que lo cierto es que no me entero ni tengo idea de lo que pasa allá afuera.

Con mirada y atención en automático sigo divagando entre recuerdos y diálogos imaginados. Una mancha en movimiento al margen del camino me arranca de las discusiones que ya no pudieron ser. Es muy temprano o muy tarde, no sé la verdad. En todo caso, el tráfico es flojo y puedo deslizar mi pie en el freno para indagar. Envuelta en una manta de parches inmensa y con un paso tan ligero que parece flotar, una mujer encorvada camina tranquila mirando fijamente hacia el horizonte. Tengo la certeza absoluta de que no hay nada en las cercanías y que todavía queda una considerable distancia en auto para la próxima salida. A la mujer no parece importarle mi intromisión y continúa su ilógica peregrinación.

Acelero y retomo el trayecto recordando nuestra última conversación. "¿A dónde diablos va esa gente?". Alarmada por el pensamiento que me invade, cuesta reducir la velocidad. Detecto un movimiento en el espejo retrovisor y por un segundo creo ver tus horrorosos lentes. Me volteo para reclamarte; el pito abrumador de un tráiler te ahuyenta.

Orillo el vehículo a un lado de la carretera y me concentro en el horizonte por unos segundos…El viento arrastra tu risa hasta mis oídos en un cosquilleo.

"¡Anda, no te quedes con las ganas!".

Abro la puerta con un gruñido. Tomo mi tiempo para salir del auto absorbiendo lo que me rodea.

Disfruto del viento helado y de los primeros intentos de resplandor sobre mi rostro. Cierro mi chaqueta. Con paso firme empiezo a recorrer el camino a ningún sitio. Unas piedritas bailan en mis sandalias.

Me lastiman.

Sonrío.

Sé que me estás esperando al otro lado con un par de zapatos nuevos.

LA PARTE DE ATRÁS

Camino a su asiento, al fondo de aquel largo y estrecho pasillo, Mariana se alegraba de que no la hubiesen ubicado en la sección de adelante. Refugiarse en la parte de atrás del avión sería su único consuelo en el medio de aquella forma de viajar. Se lamentaba de que al vivir en un continente diferente al de su familia, no contara a s favor con otra opción para visitarlos. "Menos mal que pronto tendré la excusa perfecta para no tener que viajar... al menos durante algún tiempo". Acarició su vientre dando las gracias a su pequeño cómplice.

Poco a poco, el temor iba ganando altura. Mariana intentaba convencerse de que al menos el viaje había merecido la pena y evocaba todos los recuerdos acumulados. Pensó también en su esposo, quien esperaba impaciente su retorno. Necesitaba interrumpir la batalla que se libraba en su cabeza. "Puede ser que un té de manzanilla ayude". Levantó la mano para apretar el botón de llamada a la azafata. En ese momento, la voz del piloto rebotó en la cabina anunciando el despegue. El té tendría que esperar. Mariana aseguró su cinturón y lo apretó todo lo que pudo alrededor de su cuerpo. Cerró los ojos. A medida que el aparato ganaba velocidad, así también se aceleraba el ritmo de su respiración. Se imaginó en el centro de un jardín iluminado por los colores brillantes de cientos de flores y pájaros. El sonido reconfortante y limpio del agua fluyendo a lo largo de un riachuelo cristalino invitaba a la calma.

El estremecimiento de la nave desordenó la serenidad del jardín, espantando los pájaros y deshaciendo las flores.

El avión comenzó a inclinarse hacia arriba. "No me patees bebé. Yo sé, ¡tranquilo!". Frotó con delicadeza su vientre tratando de apaciguar las patadas de protesta causadas por lo que sonaba como el rugir de una furiosa criatura mítica. Sus oídos estaban a punto de explotar. Se concentró en una respiración constante y profunda siguiendo el aire durante el recorrido por su nariz, a lo largo de su garganta y a través de su pecho.

"Recuerda que estás al final del pasillo, Mariana. Mientras estés en la parte de atrás, todo va a estar bien".

Ya se hallaban suspendidos en el aire cuando notó que las personas hablaban y se movían a su alrededor. Aunque sus oídos seguían tapados, el dolor había cedido. Tomando una gran bocanada de aire, como si estuviera a punto de sumergirse en la profundidad del mar, se atrevió a abrir los ojos. Estirándose un poco, observó al resto de los pasajeros y buscó algo de alivio en la experiencia plácida que suponía todos estaban teniendo. En realidad, no podía estar segura de qué es lo que sentían, escondidos como estaban detrás de sus computadoras, tabletas, teléfonos y libros electrónicos.

"A lo mejor intentan bloquear las imágenes oscuras manteniéndose ocupados. Eso es lo que debo hacer también, ¡encontrar una distracción!".

Aquel remolino de pensamientos ocurría en un asiento de pasillo en la fila treinta. Alguien ocupaba el asiento de la ventana y el puesto del centro estaba libre.

"Un desconocido menos con quien lidiar", pensó Mariana.

A través del rabo de su ojo, observó a su vecino de fila. El desconocido estaba recostado contra la ventana y aparentaba dormir. A Mariana le desconcertaba no alcanzar a ver el rostro de aquel extraño por lo que decidió reclinarse ligeramente y echar un vistazo. Se sobresaltó al descubrir que el engañoso individuo en realidad no dormía. Como un par de lienzos esperando su obra maestra, sus ojos se desplegaban de par en par. Apuntaban hacia un lugar remoto, algún lugar más allá de la inmensidad gris que los rodeaba. Mariana se echó hacia atrás deseando fundirse en el asiento.

Mariana se mecía de un lado a otro intentando sin éxito reconciliarse con la situación. Luchó un rato para quedarse dormida, pero las alarmas que disparaban en su cabeza no estaban dispuestas a darle tregua.

En un espacio de dos horas, trató de distraerse con cuatro películas y ocho series. Las tres tazas de té que no ayudaron con su ansiedad, sí requirieron de una visita al baño. Con discreción, volteó su rostro hacia la ventana y vio que el hombre permanecía en la misma posición, buscando algo más allá.

"¿Hacia dónde estará mirando?". Ya había anochecido y todo lo que los rodeaba era una oscuridad perturbadora. Mariana se levantó con algo de dificultad y atravesó la corta distancia hasta los baños ubicados al final de la cabina. Se encontró con una fila considerable, demasiado para sus piernas hinchadas. Además, "no puedo estar tanto tiempo fuera de mi asiento sin el cinturón de seguridad. ¿Y si pasa algo?". Un escalofrío la recorrió entera de solo pensarlo.

Decidió probar suerte en los servicios del lado opuesto del pasillo. Con el modo de alerta encendido, cruzó lo más rápido que pudo, evitando enganchar la mirada con otras personas.

"Que nadie me esté mirando, por favor".

Aunque los dos servicios estaban ocupados, solo había una persona esperando. Era una señora mayor, bien vestida, que al parecer se creía demasiado importante como para voltearse a ver a Mariana.

"¡Menos mal!".

Una vez que logró acceder al espacio reducido del baño, se apuró todo lo que su amplio cuerpo le permitía.

"Qué miedo quedar atrapada en este hueco espantoso".

Cuando comenzó a abrir la puerta, lista para salir, se acordó de que necesitaba pañuelos desechables. Al extender la mano hacia el dispensador, a través de la puerta entreabierta escuchó que afuera del baño se iniciaba una conversación. No quería interrumpir y enfrentar un momento incómodo, "puedo esperar un rato más".

Dos azafatas hablaban sobre un incidente que había ocurrido unos días atrás en un avión que seguía la misma ruta por la que volaban en aquel instante.

El corazón de Mariana hecho un puño, paralizada por el miedo mientras en su cabeza fantaseaba que era una flecha de regreso al asiento en la fila de atrás.

Las aeromozas continuaron su charla sin tapujos, ignorando que una aterrada pasajera se encontraba atenta a cada una de sus palabras.

Una comentaba que la versión oficial de la aerolínea se redujo a un simple caso de turbulencia. La otra había escuchado una historia muy diferente. Involucraba una luz enceguecedora acompañada de un fallo masivo de los instrumentos de vuelo.

Los oídos de Mariana magnificaron el horror y en su garganta se atoró un "¡Cállense por favor!".

Como si alguien la hubiese escuchado, la conversación se cortó de golpe. Tarde. Ya estaba enredada en la neblina oscura de sus pensamientos, a punto de caer en el abismo del pánico. Se aferró a los latidos que hacían eco desde su interior y se obligó a arrastrar los pies de vuelta por el pasillo.

"No va a pasar nada. Mientras estés en la parte de atrás, todo va a estar bien".

De regreso en su asiento, con el cinturón abrazándola, Mariana se dio tiempo a reflexionar sobre lo que acababa de oír.

"Seguramente se trata de un chisme tonto; después de todo, la tripulación necesita entretenerse también".

Sus nervios no estaban convencidos del todo y su compañero de asiento, aquel ser extraño que continuaba mirando fuera de la ventana con una mezcla de nostalgia y expectativa, no ayudaba a la situación. La ansiedad amenazaba con tomar el control. Hurgó en su bolso sin mucho éxito e, impaciente, vació su contenido sobre la mesita plegable.

Tan añoradas como temidas, ahí estaban. Sus minúsculos botes salvavidas.

Sus pastillas.

Había batallado durante meses su deseo inquietante por aquel medicamento. No quería lastimar a su bebé, pero le aterraba más el riesgo de perderse a sí misma en un episodio de locura.

Sin esperar a que le trajeran una botella de agua, se zampó dos pastillas. Los aros diminutos permanecieron atascados unos segundos para luego arañar su garganta. Estrujando los ojos y enterrando las uñas en sus piernas, procedió a recitar la cuenta regresiva.

El avión aterrizó sin contratiempos. Mariana abandonó el asiento de la fila treinta, apresurándose a salir para encontrar el camino a la seguridad de su mundo cotidiano.

Su esposo la esperaba con un globo redondo y una expresión relajada le iluminaba el rostro. Mariana se lanzó a sus brazos con violencia. No lo soltaría por nada del mundo.

"Se acabó. Todo está bien. Fue solo un cuento tonto, una broma entre los empleados de la aerolínea".

Todavía abrazaba a su esposo cuando notó al resto de pasajeros caminando a su alrededor. Parecían flotar en cámara lenta. En círculos.

Percibiendo que una sombra la acechaba, Mariana descubrió que el extraño hombre de la ventana caminaba en su dirección. Su mirada se clavó en la de ella con furia.

Una corriente súbita la arrancó de los brazos de su esposo y el mundo a su alrededor empezó a temblar. Mariana abrió los ojos y se encontró otra vez en la fila treinta. Un resplandor blanco que llegaba desde los asientos de adelante ardió en su piel.

No se sorprendió de que su compañero de asiento siguiera mirando hacia el infinito. Ya pronto sabría que era lo que tanto buscaba allá afuera.

CRIATURAS AZULES

Hace muchos, muchos años, a las afueras de una ciudad grande y calurosa, existía una conocida escuela donde estudiaban unas inocentes criaturas a quienes educaban bajo las reglas más preciadas de la religión católica. Las directoras eran católicas, los maestros eran católicos y los dependientes del quiosquito de golosinas eran también católicos.

No era de sorprender que en una escuela tan católica, absolutamente todo, incluso los eventos improvisados, estuviesen salpicados de un tono religioso. Fue así como, sin previo aviso, un grupo de líderes espirituales apareció en la escuela un día lunes. Su misión era impartir charlas que advertían a la gente joven sobre la perversión que, lenta y solapadamente, se filtraba en música y series de televisión de la época.

Las autoridades de la escuela otorgaron carta blanca a aquellos voceros iluminados para que alertaran a sus pupilos sobre esta nueva fuente (una más en la larga lista memorizada durante las clases de catequismo) de tentación y pecado. A lo largo del día y por turnos, todos los grupos de secundaria caminaron, cual obedientes rebaños guiados por sus profesores, hacia la sala audiovisual. Era allí donde habían instalado a los integrantes del escuadrón anti-pecado.

Antes del recreo de la media mañana, los alumnos de primero ya habían escuchado que sus bandas favoritas de heavy metal estaban plagadas de adoradores del demonio. Mientras se

69

zampaban galletas y refrescos en el descanso, contaban a sus compañeros historias de canciones malignas y pactos con el diablo.

A la hora del almuerzo, los de tercero les conversaron a los de cuarto, que cuando se tocaban los discos satánicos al revés, se podía escuchar claramente unas estrofas escalofriantes, como salidas de gargantas de ultratumba. «¡Te juro que es verdad!», decían a cualquiera que se mostrara escéptico. La prueba contundente era una grabación que traían los presentadores entre el resto de la utilería.

Con voz pausada y dramática, los guías espirituales garabateaban en la pizarra las frases exactas que los chicos debían distinguir entre los alaridos distorsionados. Obedientes con sus mayores, tal como les habían inculcado, así lo hicieron.

Hubo quien no pudo evitar que se le escapara una mueca de espanto.

Otros acabaron llorando.

A los de segundo, quienes asistieron a la ponencia luego del receso de almuerzo, lo que más les impactó fue la revelación de que una serie de dibujos animados, una con la que varios de ellos habían crecido se encontraba también en la lista pecaminosa. Regresaron a la clase cabizbajos, comentando entre susurros lo triste que había sido enterarse de que aquellos muñequitos azules, esos que vivían felices en una diminuta aldea de hongos y a los que habían seguido semana a semana en las tardes de caricaturas, resultaron ser nada más y nada menos, que criaturas del diablo.

"Un mundo donde una mujer cohabita con decenas de hombres... por supuesto que una idea hereje como esa solo puede haber salido del demonio", les dijeron, al mismo tiempo que señalaban una imagen de la *Pitufina*, conversando despreocupada y coqueta con *Filósofo* y *Fortachón*. Comentaron también a los alumnos que unos niños (no les dijeron dónde ni cuándo) aseguraban que unos juguetes de aquellas criaturas azules cobraron vida y los atormentaron con sus risitas malévolas durante mucho tiempo.

Ese mismo día, varios de los alumnos de la escuela condenaron al tacho de la basura colecciones enteras de discos y casetes por ser promulgadores de mensajes del mal. En lo que a mí respecta, esa noche y el resto de las noches de aquel año escolar, fui torturada con pesadillas en las que perversos engendros azules me rodeaban tomados de la mano.

¡Cómo disfrutaban de mi terror!

De nada sirvió prender fuego a mi colección de revistas, esas que contaban historias de las criaturitas azules. Ellas me siguieron visitando cada noche, arrastrándose con sus cuerpos chamuscados y deshechos, mientras me dedicaban su dulce melodía infantil.

LA OTRA CAJA

Horrorizados, los alumnos de la promoción del noventa y cuatro, escuchan la noticia sin lograr entenderlo. ¿Cómo puede ser que uno de nosotros haya cometido un acto tan macabro? Cortar en trocitos al padre, colocar sus despojos dentro de un baúl negro y arrullarlo con el ronroneo siniestro de un congelador horizontal; velarlo en aquel reposo glacial durante casi dos décadas mientras todos lo daban por huido, uno más de tantos banqueros fugados en masa a Miami durante la crisis financiera del dos mil.

Por mi parte, la noticia no ha resultado en mayor sorpresa. A pesar de los cuarenta, mi memoria se mantiene impecable y recuerdo la época del colegio como una mala película de ayer. Puedo ver claramente las muecas de aburrimiento que enmarcan uno de los tantos retiros espirituales al que nos han obligado a asistir. Enjaulados durante el fin de semana en el Santuario de Schoenstatt, sin televisión y sin esperanza de escapatoria, nos resignamos a lo inevitable.

Luego de la eterna charla, seguida por un par de cantos y guitarreo a la Virgen, nos dividen en grupos pequeños para reforzar lo que hemos escuchado a medias. Sentadas en el suelo marmoleado y frío de la capilla, nuestra *guía espiritual* nos pide que cerremos los ojos.

"Imaginen que tienen una cajita en las manos", nos dice. La describe a detalle. Pequeña y elegante, cubierta por una delicada seda escarchada y forrada por dentro de un frío terciopelo negro.

"Quiero que hagan una lista mental de sus posesiones más valiosas", nos instruye con su voz melosa. "¿Listas? Ahora deben escoger uno de esos objetos. Solo uno. El único que podrán guardar en su hermosa cajita".

Cuando yo todavía estoy inventando una lista de chucherías, la guía nos indica que debemos compartir nuestra elección con el resto del grupo. María Belén es la primera en levantar la mano. Emocionada por hablarnos de su posesión más valiosa, no espera a que le den la palabra.

Aprieta los puños y cierra los ojos con tal fuerza, que unas venas sobresalen en su frente como gusanos verdes. Sus gruesas y largas pestañas le acarician el rostro como patitas de araña intentando escapar de la oscuridad.

Entonces lo confiesa.

Su objeto más preciado.

Ese a quien anhela guardar en la cajita de terciopelo negro para tenerlo siempre junto a ella.

Solo para ella.

NO LAS HAGAS REÍR

Me despiertan pellizcándome las mejillas. Las diminutas manos se sienten como una armada de mosquitos que arremete contra mí con toda su furia. He aprendido a controlar mis reacciones. En una ocasión, cuando todavía no estaba acostumbrada a ellas, no medí mi fuerza al agitar las manos y sucedió algo terrible.

El eco de los chillidos de aquel día todavía me persigue. Sé que no han acabado de perdonarme.

La insoportable balada de zumbidos termina de levantarme. Tienen hambre. Salgo al jardín en busca de provisiones. Me apresuro a moler pétalos de todos los colores para mezclarlos con crujientes semillas. Así comienza mi día.

Cada día.

Todos los días.

Se esconden en la alacena, en los armarios y hasta en mis zapatos. Pendiente de su presencia todo el tiempo, añoro aquellos días en los que eran solamente dos. La última vez que las conté, eran más de cien.

Aunque tomó varias semanas, al fin pude averiguar cómo se multiplican. ¡La risa! No puedo hacer nada que les parezca lo más remotamente gracioso, ni siquiera una pequeña mueca, porque entonces se unen en una colosal marea de carcajadas y al final de la misma, unas cuantas alas más revolotean por la casa.

Cada amanecer me encuentra con más cansancio, con menos tolerancia. Temo llegar a aquel momento inevitable en que terminaré de perder la poca cordura que me queda. Comenzaré a perseguirlas con un matamoscas, un zapato, por todos los rincones donde me acechan. Hundida en el abismo de la locura y pegando unos alaridos salvajes, acabaré arrastrándome como alma en pena para alcanzarlas. Para destrozarlas.

Entonces, se reirán de tal manera que en un rato serán doscientas, quinientas, dos mil... Poco a poco se desbordarán de la alacena, de los armarios, de los cajones. Ocuparán toda la casa y enseguida se irán desparramando fuera de las ventanas, inundando el barrio, la ciudad, el mundo... Solamente de imaginarlo, mi cara se deforma en una terrible mueca.

Compongo el rostro demasiado tarde.

La ola de risitas ha comenzado.

CASA DE MUÑECAS

Corro a poner la mesa en el diminuto jardín cubierto. Ya son casi las cinco. No quiero que se nos pase la hora del té. Despliego con ilusión la delicada vajilla de porcelana, complementando el primoroso arreglo con unos pastelitos esponjosos. Alrededor de la mesa, mis muñecas esperan quietecitas y hermosas. Adoro jugar con ellas porque son de lo más obedientes. Dejan que las vista y peine a mi antojo.

Trenzo con cintitas rojas la rebelde melena de Marybeth. ¡Qué lindo resaltan el blanco de su vestido! Emma se merece, en cambio, una peineta salpicada de cristales, tan azules y fríos como sus enormes ojos. Para terminar, cubro la pelirroja cabeza de Brittany con una pañoleta verde, sedosa como su piel, de un tono que complementa su faldita plisada.

Parece que el juego ha dejado un tanto pálidas a mis muñecas, hace falta poner un poco de color en los labios y mejillas. El último toque consiste en girar las cabecitas para que sus miradas se fijen en mí, dueño y señor de la casa.

Contemplo mi preciada colección con ternura infinita, orgullo inmenso. Si tan solo pudiese borrar las muecas de terror de sus rostros, serían en verdad las muñecas perfectas.

HOMBRES CAMBIANTES

Se rompió el encantamiento de acuerdo a los términos, pero en lugar de príncipe, la Bestia se transformó en sapo. Demandaron a la bruja y con el dinero obtenido, contrataron los servicios del mago más prestigioso del reino. Lamentablemente, el poderoso hechicero se enamoró de Bella y cuando su amor no fue correspondido, juró vengarse.

Poco tiempo después, Bella despertó con un patito feo a su lado. Semanas más tarde se encontró con un hermoso cisne. Así mismo, luego de varios meses, su pobre marido acabó convertido en calabaza para luego ser una carroza que se transformó en la abuela que resultó ser un lobo. Así pasaron varios años. Con cada cambio, el tiempo de permanencia de la nueva forma adoptada por la antigua Bestia se extendía considerablemente. Bella soportaba su tragedia con entereza y todos admiraban su dedicación. Sin embargo, hasta la más estoica de las mujeres tiene su límite, y cuando despertó una mañana junto a Gregorio Samsa, supo que el mago había ganado.

DAÑINAS

Saltan como maniáticas, no paran de comer y chillan constantemente. Son una especie invasora que asalta y destruye todo lo que encuentra a su paso. No se puede juzgar a quienes abandonan en el bosque a aquellas criaturas tan dañinas.

Pobres padres, pobres madres. Es injusto pedirles que sigan lidiando con sus insoportables retoños.

EL PÚBLICO MANDA

Comienza la temporada de caza.

"¡Qué fastidio!" protestan los cazadores, «es un verdadero dolor de cabeza andar persiguiendo a tan repulsivas criaturas».

"Su olor es insoportable", opina uno.

"Pegan unos chillidos terribles", dice el otro.

En realidad, de poco les sirve quejarse a los cazadores. Ellos trabajan para los magos, quienes no se cansan de repetir que por más que intenten convencer a sus espectadores de aceptar otras alternativas, lo único que al público le interesa que salga de los sombreros de copa son seres humanos.

RELOJ

Tictac, tictac. Las seis y media. Coloca una margarita en el florero de cristal. la compró hace unas horas. siempre una margarita fresca adornando la mesa.

Tictac, tictac. Las seis y cuarenta y cinco. Ya está todo listo y dispuesto. Impecable. La cena espera en las bandejas calientes para que Él encuentre todo perfecto.

Tictac, tictac. Las seis y cincuenta y cinco. Empieza la cuenta regresiva. Su corazón palpita. Se le reseca la garganta. Igual que todas las noches desde que se casó. Se queda mirando las manecillas, atenta a los movimientos casi imperceptibles. Burlonas. Saben que la tienen dominada.

Tictac, tictac. Al acabar los cinco minutos, todo o nada. Despojo. Como aquella vez, a los siete años cuando esperaba al pie de la puerta. Cuando las manecillas pasaron de las siete y Él nunca regresó. Ella contemplando el reloj que la atormentaba desde el comedor. La comida enfriándose, pudriéndose, mientras la margarita en el florero se iba marchitando, haciéndose cada vez más pequeñita. Insignificante.

Tictac, tictac. Hasta desaparecer.

FINAL DEL PASEO

Mientras se deja arrastrar por la grúa, la mujer rebusca entre la nieve y los árboles, atenta a alguna señal, algo que le diga de dónde pudo venir aquella mirada, esa que recorrió los recovecos de su espalda para desbocar prendida a su cuello como vampiro angurriento en el preciso momento en que usaba el teléfono. El mecánico le asegura entre balbuceos no haber visto a nadie más en el parque, pero desde el accidente ella ha dejado de creer cualquier cosa que salga de la boca de un hombre.

Antes de abandonar por completo el bosque escarchado, la mujer sin brazos fija su mirada en la inmensidad blanca que la seduce. Deja que el viento helado juegue con su pelo y husmee curioso, indagando y lamiendo sus piernas de robot primitivo. Le canta despacito algunas de las respuestas para que las lleve en un susurro hasta la criatura, *esa* que la observa desde su mullida tumba de hielo, vestida y alborotada para su baile en la nieve.

ÍNDICE

PASEO INVERNAL...11

ROMANCE ART DÉCO 13

RÍO ADENTRO 21

BOSQUE NUBLADO...25

ATASCO 33

EL INTRUSO 37

EL MOTEL..41

CONFESIÓN 47

AMOR DE LEJOS...51

ENTRE LAS MARGARITAS 55

VIAJE DE CARRETERA 59

LA PARTE DE ATRÁS...63

CRIATURAS AZULES...69

LA OTRA CAJA..73

NO LAS HAGAS REÍR...75

CASA DE MUÑECAS...77

HOMBRES CAMBIANTES 79

DAÑINAS 81

EL PÚBLICO MANDA 83

RELOJ 85

FINAL DEL PASEO 87

MELANIE MÁRQUEZ ADAMS

MARIPOSAS NEGRAS

Melanie Márquez Adams ha sido antologada en *Pertenencia: Narradores sudamericanos en Estados Unidos, Latinoamérica en breve, Antología Ecuatoriana de Relato y Poesía, Todos contamos,* y otras publicaciones. Sus cuentos aparecen en importantes revistas literarias como *Nagari Magazine* y *Aster(ix).*
Colabora regularmente con sus crónicas y cuentos en la *Revista ViceVersa* de Nueva York y en *La Nota Latina* de Miami.

melaniemarquezadams.com
@melmarquezadams